Hadas

Grace Hansen

Abdo Kids Jumbo es una subdivisión de Abdo Kids
abdobooks.com

abdobooks.com

Published by Abdo Kids, a division of ABDO, P.O. Box 398166, Minneapolis, Minnesota 55439.

Printed in China

102025

012026

Spanish Translator: Maria Puchol

Photo Credits: Alamy, Everette Collection, Getty Images, Shutterstock

Production Contributors: Teddy Borth, Jennie Forsberg, Grace Hansen
Design Contributors: Candice Keimig, Pakou Moua

Library of Congress Control Number: 2025942219

Publisher's Cataloging-in-Publication Data

Names: Hansen, Grace, author.

Title: Hadas/ by Grace Hansen

Other title: Fairies. Spanish

Description: Minneapolis, Minnesota: Abdo Kids, 2026. | Series: El mundo de los seres mitológicos | Includes online resources and index.

Identifiers: ISBN 9798384908982 (lib.bdg.) | ISBN 9798384909569 (ebook)

Subjects: LCSH: Fairies--Juvenile literature. | Mythical animals--Juvenile literature. | Folklore--Juvenile literature. | Legends--Juvenile literature. | Spanish Language Materials--Juvenile literature.

Classification: DDC 398.2454--dc23

Contenido

El mito del hada

Las hadas son seres míticos. Forman parte del **folklore** desde hace miles de años. Las primeras historias proceden principalmente de Europa.

En la mitología griega, los dioses y las diosas creaban criaturas para cuidar de la tierra. Estas criaturas eran pequeñas y hermosas. Algunas eran buenas y otras malas.

Las primeras hadas

A principios del siglo XIII, el inglés Gervase de Tillbury escribió *Otia Imerpialia*. En ella, Gervase describe unas criaturas mágicas a las que llama hadas. Las hadas podían ser grandes o pequeñas, buenas o malas, bellas o feas.

Los ingleses llegaron a tener miedo de las hadas. Creían que las hadas podían echar **maldiciones** sobre ellos. Muchos se negaban incluso a pronunciar la palabra "hada" en voz alta.

Hadas famosas de la ficción

En 1605, William Shakespeare **estrenó** su obra *Sueño de una noche de verano*. En ella aparecen varias hadas. Puck es un hada protagonista. Le gusta gastar bromas inofensivas.

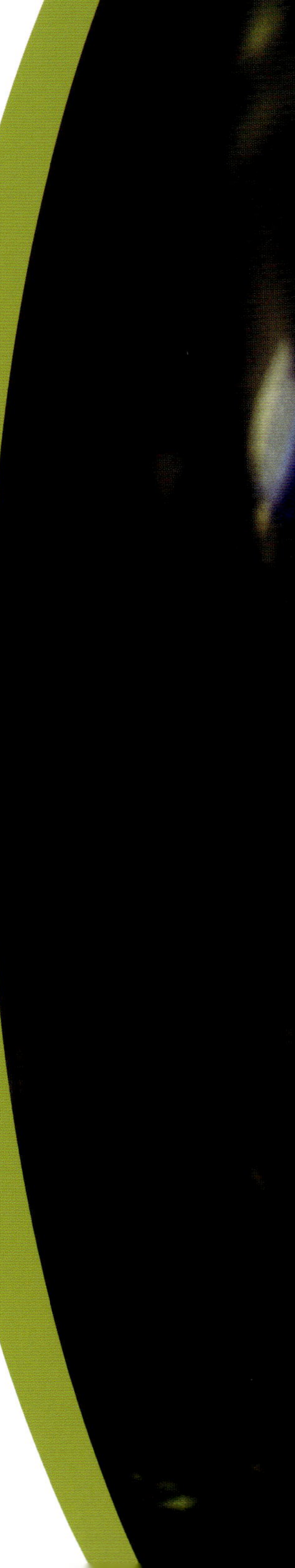

La gente pronto comprendió que las hadas no eran reales. Más escritores empezaron a incluir hadas buenas en sus historias. Muchos de estos personajes todavía son conocidos y queridos hoy en día.

En 1697, el escritor francés Charles Perrault publicó una colección de cuentos de hadas. Entre ellos están los cuentos *La bella durmiente* y *Cenicienta*. Ambas historias tienen hadas mágicas y bondadosas. Estos personajes pasaron a conocerse como hadas madrinas.

En 1902, el escritor escocés J.M. Barrie presentó al personaje Peter Pan. La mejor amiga de Peter es un hada que se llama Campanita. Ésta es **discutidora** y hace muchas travesuras, pero también es muy **leal**.

Hadas de hoy en día

Lo que las hadas representan ha cambiado mucho a lo largo de los años. Hoy en día, siguen inspirando a la gente con su belleza y encanto.

La mitología y las hadas modernas

Flora, Fauna y Primavera

La bella durmiente

- Tres hadas madrinas
- Encargadas de cuidar a Aurora, la hija del Rey
- Utilizan sus poderes mágicos para ayudarla

El ratoncito Pérez

Película de *El ratoncito Pérez*

- Transportado al reino de las hadas de los dientes
- Tiene alas para volar
- Tiene objetos mágicos como pasta encogedora y una varita mágica

El hada de azúcar

El Cascanueces y los Cuatro Reinos

- Vive en el País de los Dulces
- Tiene alas para volar
- Se muestra muy dulce y amable, pero en realidad quiere el poder y el control

Glosario

discutidora – que se enoja con facilidad o de mal carácter.

estrenar – presentar en público por primera vez.

folklore – historia y formas de vivir de la gente de un lugar o país concreto.

leal – mostrar devoción y fidelidad a alguien.

maldición – deseo de que algo malo le pase a una persona.

Índice

¡Visita nuestra página **abdokids.com** para tener acceso a juegos, manualidades, videos y mucho más!

Los recursos de internet están en inglés.

Usa este código Abdo Kids

WFK8572

¡o escanea este código QR!